# Inhalt

# Die RÖMER und ihr Reich

Die Zeit der alten Römer ist schon lange vorbei, und doch kommen wir mit ihnen tagtäglich in Berührung. Den Römern verdanken wir unseren Kalender, unsere Schrift, den Lateinunterricht, Städte, in denen wir leben, und vieles mehr. Sie haben mit ihrer Politik und Kultur einen großen Einfluss auf die Entwicklung aller Länder in Europa gehabt. Ohne dass wir es merken, leben wir mit ihrem Erbe – doch du möchtest sicher wissen, wer diese Römer eigentlich waren?

Gaius Julius Caesar (100–44 v. Chr.) war nicht nur ein berühmter Feldherr, sondern auch ein großer Schriftsteller. Seine Berichte über seine Feldzüge in Gallien und Germanien werden heute noch im Lateinunterricht gelesen.

Zentrum ihres großen Reiches war die Stadt Rom, die der Sage nach im Jahre 753 v. Chr. von den Zwillingen Romulus und Remus, Kindern des Kriegsgottes Mars und einer Menschenfrau, gegründet worden ist. Sie wuchs schnell und im 1. Jahrhundert v. Chr., also vor beinahe 2 800 Jahren, lebten in der Stadt fast eine Million Menschen. Ihre Einwohner waren nicht nur gebürtige Römer, sondern auch viele Menschen, die von weit her als Sklaven und Gefangene in die Stadt gebracht worden waren. Denn von der Stadt Rom aus zog das römische Heer mit seinen ruhmeshungrigen Feldherren immer wieder in die Welt hinaus und eroberte für die römischen Bürger und ihre Götter zahlreiche Gebiete in Europa, Asien und Afrika.

## RÖMER KURZGEFASST

- Der berühmteste römische Feldherr: **Gaius Julius Caesar**
- Die berühmteste römische Stadt: **Rom, gegründet 753 v. Chr.**
- Das berühmteste römische Bauwerk: **Kolosseum**
- Die Sprache der Römer: **Latein**

Regiert wurde das Römische Reich eine Zeit lang von Königen, dann in einer Republik von Senatoren und Amtsträgern wie Konsuln im Auftrag des Volkes, und schließlich von Kaisern. Der berühmteste Konsul, der zum Ende seiner Regierungszeit als Diktator herrschte, war wohl Gaius Julius Caesar. Caesar eroberte ganz Gallien und einige Gebiete in Germanien für Rom, später machte er auch Teile Spaniens zur römischen Provinz. Sein Adoptivsohn und Erbe Augustus herrschte als erster römischer Kaiser und dehnte das Reich in den 40 Jahren seiner Herrschaft weiter aus, vor allem nach Norden. Viele Kaiser folgten Augustus nach, waren aber meist nicht so erfolgreich und auch nicht so lange an der Macht.

Und wie erging es den Menschen in den eroberten Provinzen? Sie zahlten Steuern an Rom, stellten Truppen und mussten sich römischen Gesetzen beugen. Ihre Religion durften die Eroberten weiter ausüben, und sie bestimmten selbst, wie viel sie an römischer Lebensweise übernehmen wollten. Doch römischer Bürger wurde keiner so einfach. Die meisten blieben „Fremde" und „Ausländer" und so wurden sie von den Römer auch genannt (natürlich auf Lateinisch!): *peregrini* oder *barbari*.

Kaiser Augustus, der eigentlich Caesar Octavius hieß, sorgte für Frieden und Wohlstand und förderte besonders die Künste.

Das Römische Reich zur Zeit seiner größten Ausdehnung.

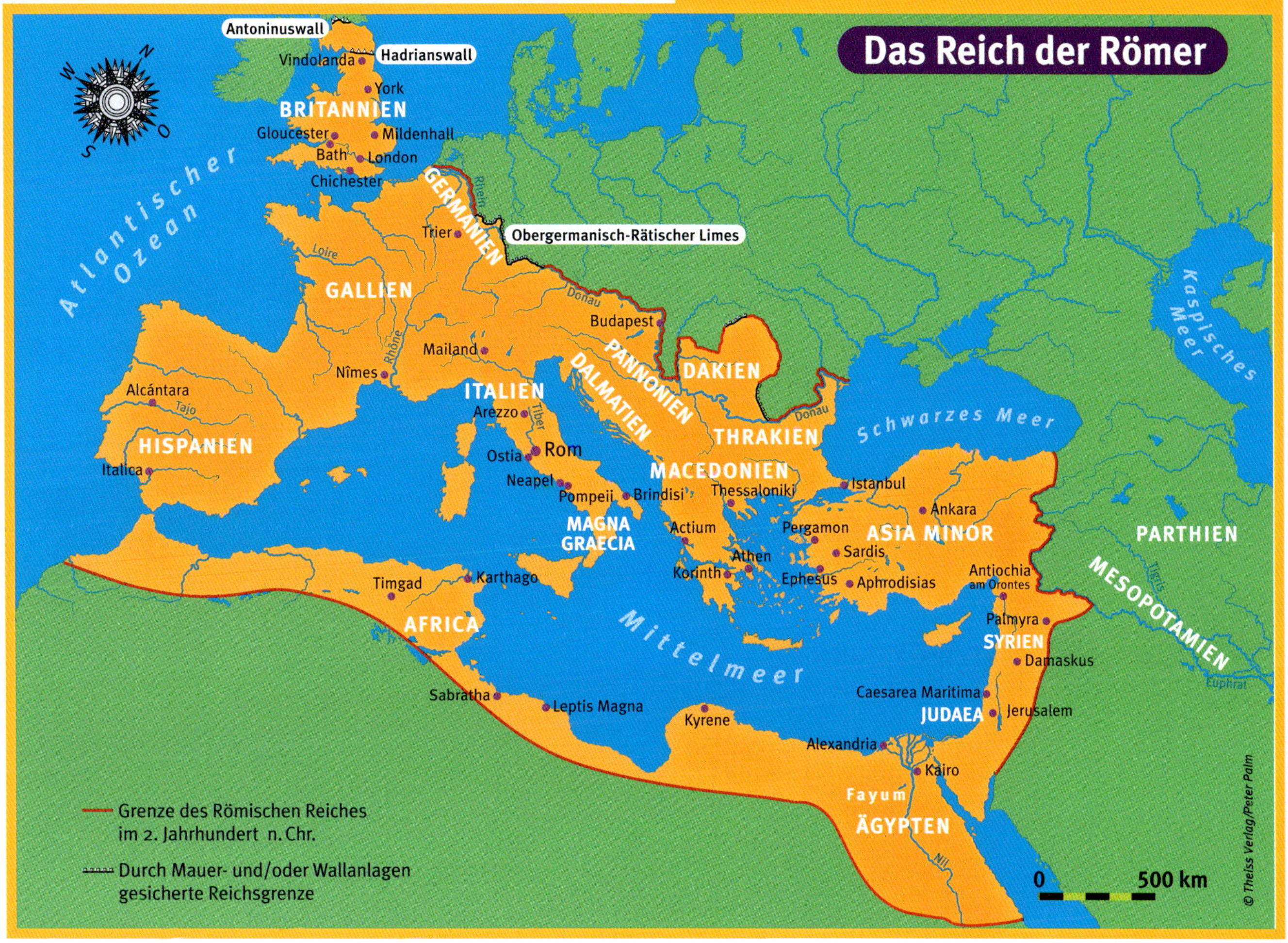

# Das römische Heer

Das gewaltige Römische Reich hatte auch ein beachtliches Heer: 500 000 Soldaten zählte es zu Spitzenzeiten. Um 100 v. Chr. führte Marcus, ein angeheirateter Onkel des großen Gaius Julius Caesar, eine Heeresreform durch. Wurden vorher Bürger, vor allem Bauern, nur für eine gewisse Zeit im Jahr zum Dienst an der Waffe einberufen, dienten nun Männer freiwillig für mehrere Jahre als Soldat beziehungsweise Legionär im römischen Heer.

Römisches Ruderschiff
für die Grenzüberwachung.

Marius legte auch eine bestimmte Ausrüstung für die Legionäre fest: Körperpanzer, Schienbeinschützer, Halstuch, Gürtel, ordentliches Schuhwerk, eine Schlafdecke und Kochgeschirr und für die kalte Jahreszeit einen Mantel. Die Waffen der Legionäre waren Dolch, Schwert und Speer. Allerdings mussten sich die Männer diese Dinge selbst kaufen und auch selbst schleppen, weshalb der Legionär schnell den Spitznamen „Maulesel des Marius" erhielt.

Kaiser Augustus führte schließlich ein richtiges Berufsheer ein. Nach einer Grundausbildung von etwa vier Monaten dienten die Legionäre nun bis zu 20 Jahre in der Armee. Legionär konnte allerdings nur ein römischer Bürger werden. Männer ohne dieses Bürgerrecht kämpften in sogenannten Hilfstruppen und mussten 25 Jahre für Rom dienen, damit sie zum Dank ein Stück Land und das römische Bürgerrecht erhielten. Die Soldaten der Hilfstruppen kamen aus Afrika, dem Nahen

Ein Bogenschütze aus den römischen Hilfstruppen. Sein Kegelhelm und der lange Kaftan weisen auf eine östliche Herkunft hin.

Die Rüstung der römischen Legionärs, als diese um Christi Geburt erstmals nach Germanien einmarschierten: ein Helm nur mit Wangenklappen, ein verdrehtes Tuch als Schutz für den Hals, ein kurzes Kettenhemd, ein Rundschild, ein Kurzschwert und einen Wurfspieß *(pilum)*.

## RÖMERDETEKTIVE GEFRAGT!

Der Helm ist ein wichtiger Teil der römischen Rüstung: Die Gladiatoren trugen Helme zum Schutz in der Arena, die Soldaten hatten ganz unterschiedliche auf dem Schlachtfeld auf. Versuche dich als Helmforscher und setze die passenden Buchstaben in die Kästchen.

→ Gladiatorenhelm ☐

→ Reiterhelm ☐

→ Helm eines Fußsoldaten ☐

A.

B.

C.

Osten, aus Germanien, Gallien, Britannien, Spanien und vom Balkan. Oft wurden sie wegen besonderer Fähigkeiten, zum Beispiel als Reiter oder Bogenschützen, sehr geschätzt.

Zudem verfügte das römische Heer über eine Flotte. Für ihre Flotte in Germanien, auf Rhein und Mosel, bauten die Römer schnelle kleine Ruderschiffe mit Segel, die etwa 15 Meter lang waren und 25 Mann fassten. Mit ihnen überwachte man die Grenzen, versorgte die Truppen mit Lebensmitteln und Baumaterial. Wenn die Legionäre nicht kämpften, erledigten sie alle möglichen Tätigkeiten. Die Truppen wurden von Ärzten, Köchen, Schreinern und anderen Handwerkern begleitet und unter den Soldaten selbst waren Handwerker und Architekten, die mithalfen, Straßen und Brücken zu bauen, Truppenlager, Häfen und Brunnen anzulegen, Ziegel zu brennen oder Steine aus dem Steinbruch zu holen.

Weißt du, was den römischen Soldaten besonders wichtig war? Die Stadt Rom natürlich sowie ihre Feldherren – und die Feldzeichen! Die Feldzeichen, auch Standarten genannt, waren an langen Holzstangen befestigte Bilder, auf denen der Name der Truppe, ihr Schutztier sowie der jeweils herrschende Kaiser abgebildet waren. Ging ein Feldzeichen im Kampf verloren, musste alles versucht werden, es zurückzubekommen – durch Verhandlungen mit dem Gegner oder durch einen neuen Krieg!

Ein nachgebildetes römisches Feldzeichen in Form einer Fahnenlanze *(vexillum)*.

# Deutschland vor den RÖMERN

## KELTEN KURZGEFASST

- Der berühmteste keltische Anführer: **Vercingetorix**
- Die berühmteste keltische „Burg“: **die Heuneburg bei Herbertingen**
- Die berühmtesten keltischen Comic-Helden: **Asterix und Obelix**
- Die berühmteste Schlacht zwischen Römern und Kelten: **Schlacht bei Alesia 52 v. Chr.**

## Die Kelten

Die Römer richteten, was Handelsbeziehungen und Eroberungen anging, ihren Blick bis zum 1. Jahrhundert v. Chr. eher nach Süden oder Osten. Die Menschen und Gebiete im Norden waren uninteressant für sie. Eines der ersten nördlichen Völker, mit denen die Römer unfreiwillig in Kontakt kamen, waren die Kelten. Diese hatten, vermutlich wegen Missernten und Streitigkeiten um Siedlungsplätze, beschlossen, auf der Suche nach neuem Land nach Süden zu wandern. So fand um das Jahr 400 v. Chr. eine große Völkerwanderung statt, die sich auf Rom zu bewegte. Die Kelten, die du auch unter dem Namen „Gallier“ kennst, kamen gar nicht so weit aus dem Norden. Sie stammten aus der Schweiz, Süddeutschland und Frankreich. Für die Römer allerdings waren es wilde Nordmänner, die sich in ungeordneten Haufen und mit großem Lärm ins Kriegsgetümmel stürzten. Ehrlich gesagt hatten sie sogar ein wenig Angst vor ihnen! Und dann standen diese Krieger im Jahr 387 v. Chr. sogar vor den Toren Roms, eroberten die Stadt und machten reiche Beute!

Der römische Eindruck vom wilden keltischen Kriegsgesellen ist jedoch nicht richtig. Wie viele Ausgrabungen beweisen, waren die Kelten nicht nur tapfere Kämpfer, sondern auch fleißige Bauern, kunstfertige Handwerker und Händler. Sie haben keine Schriften hinterlassen, doch ihre Gräber, Reste ihrer Siedlungen und zahlreiche Fundstücke wie Geschirr und Schmuckstücke erzählen uns etwas über ihre Geschichte. Handel trieben sie wohl vorwiegend mit Völkern im Süden. Mit ihren germanischen Nachbarn im Osten führten sie manchmal Krieg oder verbündeten sich mit ihnen gegen die Römer.

Keltische Krieger in typischer Tracht und mit Carnyx (Blasinstrument).

So eindrucksvoll sahen wohl Stadtmauer und Osttor von Manching aus, das zu den bedeutendsten keltischen Großsiedlungen gehörte.

Reste keltischer Siedlungen werden eher zufällig bei Bau- oder Feldarbeiten entdeckt, da die Häuser aus Holz waren und schnell zerfallen sind. Nur burgähnliche Anlagen fallen durch hohe Erdwälle oder tiefe Gräben in der Natur auf und dort finden sich auch Steinmauern. Auf diesen „Burgen“ lebten sehr wahrscheinlich die Anführer mit ihrem Gefolge und ihren Verwandten. Als die Römer ihr Reich im 1. Jahrhundert v. Chr. nach Norden auszudehnen begannen, gab es in Gallien stadtähnliche Anlagen mit starken Befestigungen. Gaius Julius Caesar, der im Jahr 52 v. Chr. schließlich ganz Gallien besetzte, hatte durchaus Mühe, solche Siedlungen zu erobern.

Ein reicher Schatz aus dem Fürstengrab von Eberdingen-Hochdorf.

Die keltische Pferde- und Reitergöttin Epona wurde in den römischen Götterhimmel übernommen und besonders von den Soldaten verehrt.

Es rühmten nämlich jene [Gallier und Kaufleute] die Germanen als Leute von riesigem Körperbau, unglaublicher Tapferkeit und Gewandtheit im Gebrauch der Waffen; ... Allenthalben im Lager wurden Testamente gemacht.

Caesar, Der Gallische Krieg, 1. 39

In der Vorstellung der Römer bestand Germanien nur aus dunklen Wäldern und gefährlichen Mooren und Sümpfen.

## Die Germanen

Ein von den Römern noch mehr als die Kelten gefürchtetes Volk im Norden waren die Germanen, die nach römischer Vorstellung keine Kultur besaßen, in dunklen Wäldern hausten und ständig Krieg führten – unsere Vorfahren sozusagen! Als „Germanen" bezeichnet wurden erstmals bei Caesar verschiedene Stämme, die damals links und rechts des Rheins lebten und zu denen unter anderem die Ubier, Bataver, Chatten, Sueben und Cherusker gehörten.

Die Vorstellung der Römer vom fürchterlichen Germanen war ebenso wenig richtig wie die vom wilden Kelten. Die Kelten im Süden Deutschlands waren allerdings weiter in ihrer Kultur als die Germanen zu jener Zeit. Während Erstere bereits stadtähnliche Siedlungen anlegten, wohnten ihre Nachbarn weiter nördlich noch auf einzelnen Höfen, die kleine Gemeinschaften bildeten. Allerdings waren diese Siedlungen nicht, wie die römischen Schriftsteller erzählen, nur von dunklen Wäldern umgeben. Die Landschaft Germaniens bestand auch aus großen Flächen von Mooren, Sümpfen, Wiesen und Ackerland. Die Archäologen haben die meisten germanischen Häuserreste an der Nordseeküste gefunden.

Die germanischen Häuser waren aus Holz und Lehm und recht einfach gebaut. Der Stall war meist Teil des Wohnhauses, Nebengebäude dienten als Werkstätten. Das waren Webereien, Schreinereien und Schmieden. Die Speicher, in denen die Vorräte lagerten, standen zum Schutz vor Schädlingen und Überschwemmungen auf Stelzen. Die römischen Schriftsteller bezeichneten die germanischen Häuser als schmucklos, offenbar war auch das Haus des Anführers nicht besonders hervorgehoben.

## GERMANEN KURZGEFASST

- Die berühmtesten germanischen Anführer: **Arminius, Odoaker** (stürzte den letzten weströmischen Kaiser)
- Die berühmteste germanische Siedlung: **es gab viele kleine Siedlungen**
- Die berühmteste Schlacht zwischen Römern und Germanen: **Varussschlacht 9 n. Chr.**
- Die berühmteste germanische Haarfrisur: **Suebenknoten**

Das Modell der Wurtensiedlung Feddersen Wierde im Landkreis Cuxhaven zeigt, wie die germanischen Häuser in der Regel gebaut und angeordnet waren.

Im Freilichtmuseum „Germanisches Gehöft Elsarn" in Niederösterreich kannst du dir nachgebaute germanische Häuser mit Stall anschauen. Sogar einen Getreidespeicher auf Stelzen gibt es dort zu sehen.

Die Familien stellten das meiste, was sie zum Leben brauchten, selbst her: Nahrung, Kleidung, Töpferwaren, viele Werkzeuge und andere Gebrauchsgegenstände. Die Menschen waren in der Regel Bauern. Sie bewirtschafteten kleine Ackerflächen, auf denen Gerste, Einkorn oder Emmer wuchsen, und bauten im Garten Gemüse und Obst an. Zu ihrem Vieh gehörten Rinder, Schweine, Hühner, Ziegen und Schafe. Pferde konnten sich nur Wohlhabendere leisten. Im Wald und auf den Wiesen tummelte sich Jagdwild, das wir auch heute noch kennen, zum Beispiel Hirsche, Rehe und Hasen. Doch es gab damals auch wilde Tiere, die wir nicht mehr bei uns sehen oder die mittlerweile ausgestorben sind: Elche, Rentiere und Auerochsen!

In solch einem schön verzierten Gefäß wurde das kostbare Salz aufbewahrt.

Die germanischen Siedlungen lagen oft nur wenige Kilometer auseinander. Du kannst dir also vorstellen, dass es häufiger zu Streitigkeiten zwischen den Kriegern der einzelnen Stämme kam. Das hatten die Römer richtig erkannt: Hauptberührungspunkt der Germanen untereinander und mit anderen Völkern waren Kämpfe. Handel trieben sie nur wenig, zumal sie keine gut ausgebauten Straßen hatten. Alles, was sie brauchten, konnten sie herstellen, ernten, züchten oder jagen. Sie selbst hatten wenig, was andere Völker begehrten, nur Felle, blondes Haar und Salz. Der Besitz einer Saline bedeutete bei den Germanen Macht – und darum wurde natürlich auch oft gekämpft!

Schafe waren wichtige Nutztiere für die Germanen. Aus ihrer Wolle wurden an einfachen Rahmenwebstühlen Stoffe gewebt.

Der mächtige Auerochse war zu Zeiten der alten Germanen in deiner Heimat als Wildtier zu Hause.

# Rettung in letzter Minute

Torben schlug mit einem Stock auf das hohe Gras ein. Schafe hüten war etwas für Mädchen! Seine Schwester Hilde war krank und nun hatte er auch noch diese Arbeit übernehmen müssen. Seit sein Vater tot war, schuftete er den ganzen Tag. Doch sofort überkam ihn ein schlechtes Gewissen. „Arme Hilde“, murmelte er. „Hoffentlich helfen die Kräuter der Heilerin gegen das hohe Fieber.“

Auf einmal rissen alle Schafe den Kopf hoch, blökten laut und stürmten davon. Hinter Torbens Rücken ertönte ein entsetzliches Brüllen. Torben wirbelte herum und blickte in die Augen eines wütenden Auerochsen.
„Hilfe“, kam es krächzend aus seinem Mund. Er wollte fliehen, doch seine Beine waren wie angewurzelt. Der Auerochse senkte den Kopf und scharrte mit einem Vorderhuf – bereit zum Angriff! Torben sah sich hektisch um. Nur ein Baum konnte ihn jetzt noch retten. Plötzlich streifte ein Luftzug sein rechtes Ohr und ein Speer bohrte sich in die Schulter des gewaltigen Tieres. Mit wenigen Sprüngen war Torben auf dem nächsten Baum. Im gleichen Moment stürmten zwei Männer an ihm vorbei. Ein weiterer Speer traf die Brust des Auerochsen und brachte ihn zu Fall.

„Bei Odin, fast hätte der Auerochse dich zertrampelt, Bürschchen“, meinte der ältere der Männer.
Torben blickte vom Baum herab und verzog wütend sein Gesicht. „Ich bin kein Bürschchen! Hätte ich einen Speer gehabt, hätte ich ihn getötet!“ Dennoch umfasste er dankbar sein Amulett, das er um den Hals trug.
„Auf jeden Fall hast du uns bei der Jagd geholfen“, lachte der andere.
Überrascht stellte Torben fest, dass dieser ebenfalls ein Junge war, nur wenige Jahre älter als er. „Ohne dich hätten wir den Auerochsen nicht eingeholt. Ich glaube, du kannst herunterkommen!“
Erst jetzt merkte Torben, dass er sich immer noch krampfhaft an dem Ast festhielt, auf den er sich gerettet hatte. Er richtete sich auf. „Wenn ich eine Hilfe war, bekomme ich einen Anteil.“
Der Mann schüttelte drohend seine Faust. „Du unverschämter Bengel!“
Doch der Sohn antwortete besänftigend: „Er hat sich einen Anteil verdient, Vater.“
„Von mir aus“, entgegnete dieser unwirsch. „Geht und holt einen Ochsenkarren, Ortwin. Tragen können wir das Tier nicht einmal zu dritt.“
Vater und Sohn wohnten nicht weit von Torbens Siedlung. Als sie das Tier zerlegt und ihm einen Anteil gegeben hatten, machte Torben sich auf den Heimweg.
„Komm gleich wieder“, rief ihm Ortwin nach. „Wir helfen dir, die Schafe einzufangen.“

Seine Mutter hackte Unkraut im Gemüsegarten. Sie erhob sich schwerfällig und wischte ihre dreckigen Hände an ihrem Rock ab.
„Wo warst du und wo sind die Schafe?“, schimpfte sie.
Wie müde und alt sie aussieht, dachte Torben erschrocken. Er hielt ihr das Fleisch entgegen und berichtete aufgeregt von seinem Abenteuer.
„Ortwin und sein Vater helfen mir, die Schafe zu suchen“, beruhigte er sie. „Und morgen bringen sie mir Speerwerfen bei. Bald kann ich für uns jagen gehen.“
Frohgemut umarmte Torben seine Mutter und machte sich wieder auf den Weg.

# ALLTAG in Germanien

Germanische Anführer und ihre Krieger beraten sich auf dem „Thing". Je nach Größe der Stämme fand die Versammlung einmal im Jahr oder öfter statt.

## Wer hatte das Sagen?

Adlige, unter denen einige fast wie Könige herausragten, führten die germanischen Stämme an. Während diese Anführer aufgrund ihrer Abstammung gewählt wurden, war bei anderen anführenden Adligen eher die Tapferkeit entscheidend, die sie im Krieg zeigten. Die Anführer wurden unterstützt von ihren Kriegern – Männern, die sich hauptberuflich für das Kämpfen entschieden hatten und sich ihren Anführer selbst wählten.

In regelmäßigen Abständen trafen sich die Adligen eines Stammes und ihre Gefolgsleute zu

**Gesellschaftspyramide**

Die germanische Gesellschaft war ähnlich wie die anderer Völker in der Zeit aufgebaut: Wenige Adlige hatten das Sagen. Die größte Bevölkerungsgruppe bildeten die rechtlosen Unfreien und Sklaven.

einer Versammlung, die sie „Thing“ nannten. Auf dieser Versammlung wurden anstehende Kriegszüge besprochen, Streitfragen geklärt und Rechtsverhandlungen geführt. Je mehr Krieger die Gefolgschaft eines Adligen zählte, desto größer war sein Einfluss im Thing.
An der Spitze der germanischen Gesellschaft befanden sich also die Adligen, dicht gefolgt von den Kriegern. Unter diesen standen die freien Handwerker und Bauern. Ohne Stimme und Recht in der germanischen Gesellschaft waren die Unfreien und die Sklaven.

Die Rolle von Mann und Frau war klar verteilt: Die Männer waren Krieger, Handwerker oder Bauern, die Frauen führten den Haushalt und waren mit Weben, Spinnen und Töpfern beschäftigt. Einige Frauen erlangten Macht und Ansehen im Amt einer Priesterin, nur wenige traten als Familienoberhaupt einer Sippe auf. Bei einigen Stämmen wie den Markomannen oder Goten – so berichten es zumindest antike Autoren – zogen die Frauen aber auch mit in den Krieg.

Und was war mit den Kindern? Sie mussten schon früh im Haus mithelfen, auf dem Feld arbeiten oder das Vieh hüten. Schulen, wie du eine besuchst, kannten die Germanen nicht und viel Zeit zum Spielen gab es auch nicht.

Germanische Schmiedekunst: eine reich verzierte Metallscheibe.

## Die Handwerkskunst

Die Familien stellten vieles, was sie fürs Leben brauchten, selbst her: einfache Werkzeuge, Stoffe oder Keramik. Für die Stoffe und die Keramik waren die Frauen zuständig. Die Stoffe für die Kleidung webten sie auf einfachen Holzrahmen. Das Tongeschirr formten sie mit der Hand und brannten es in einer Feuerstelle auf dem Feld oder in einer Grube. Gegenstände aus Metall anfertigen – das konnte allerdings nur der Schmied. Die Schmiede waren die Spezialisten unter den Handwerkern. Ihre Waffen, Sporen und kunstvollen Ziergegenstände waren aus Eisen oder Bronze, später auch aus Silber und Gold und über die Landesgrenzen hinaus bekannt.

Die Germanen brannten ihr Essgeschirr aus Ton in Feuern auf dem offenen Feld oder in Gruben. Als „Besteck“ dienten Holzlöffel und scharfe Messer.

# Mode und Körperpflege

Schon in der Antike zogen die germanischen Männer und Frauen Hosen an. An diese Mode mussten sich Römer, wie du dir denken kannst, erst einmal gewöhnen!
Die Frauen trugen ihre Hosen unter einem Rock oder Mantelkleid. Als Oberteil hatten sie eine Bluse und für die kalten Tage zusätzlich einen Mantel. Auch Pelzkleidung haben die Archäologen gefunden, doch in der Regel war die Kleidung aus Wolle.
Die Männer trugen über ihren Hosen ein langes Hemd und an kühleren Tagen ebenfalls einen Mantel. Der Unterschied bei der Kleidung war also nicht besonders auffallend.

Viel Mühe verwandten die germanischen Frauen auf ihre Frisur. Das Haar wurde kunstvoll geflochten und mit einem Haarnetz oder Kopftuch bedeckt.
Die Männer ließen sich Haare und Bärte lang wachsen. Bei den Sueben gab es eine beliebte Männerfrisur: den Suebenknoten. Kopfbedeckungen trugen die Männer eher selten, höchstens eine Lederkappe.

Auf Körperpflege legten die Germanen durchaus Wert, wie viele ausgegrabene Kämme und Rasiermesser bezeugen. Allerdings hatten sie keine großen Badeanlagen wie die Römer, und die Häuserreste verraten auch nichts über badezimmerähnliche Räume. Antike Autoren erzählen erstaunt, dass sich die Barbaren sogar mit Seife wuschen und dass sie ihre Haare mit einer Aschelauge bleichten oder mit rötlichem Schlamm färbten.

Eine Frau in germanischer Kleidung.

Gürtel und Schuhe wurden aus Rindsleder gefertigt.

Mann und Kinder in germanischer Tracht. Der Mann trägt seitlich einen Suebenknoten als Haarfrisur.

Auf dem Speiseplan der Germanen standen Fleisch, Gemüse, Obst und auch eingeweichte Gerste oder Gerstengraupen.

Die Jäger funktionierten die Hörner ihrer erlegten Tiere zu Trinkhörnern um und tranken aus ihnen ihr Met oder Bier. Jagen als Zeitvertreib war allerdings nur den Reichen vorbehalten.

## Bitte zu Tisch!

Was werden die Germanen wohl am liebsten gegessen haben: Gemüse, Fleisch oder Brot? Was meinst du? Bestimmt hast du auf Fleisch getippt. Du hast Recht! Daran hat sich auch bis heute nichts geändert. Meist kam tatsächlich Schweinefleisch, Geflügel oder Wild auf den Tisch. Schafe und Ziegen hielten sich die Germanen hauptsächlich zur Gewinnung von Wolle und die Kühe für Milch und Milchprodukte.
Weitere Nahrungsmittel waren Brot und Gemüsesorten wie Erbsen, Ackerbohnen, Mangold, gelbe Rüben und Sellerie. Gewürzt wurde mit Kräutern wie Bohnenkraut, Dill oder Petersilie aus dem Garten. Im Garten wuchsen auch Apfel-, Birnen- und Pflaumenbäume. Obstsorten wie Himbeeren, Brombeeren oder Holunder gingen die Frauen und Kinder sammeln, ebenso wie Nüsse und Pilze. Zum Süßen nahmen die Germanen Honig von wilden Bienen.
Und was gab es zu trinken? Für die Kinder Wasser und Milch, für die Erwachsenen selbst gebrautes Bier und Met.

Die schön verzierten Kämme waren in der Regel aus Geweih, später auch aus Knochen.

Die einfache Seife bestand unter anderem aus tierischen Fetten wie Hammeltalg.

## Und wenn einer krank war?

Paläopathologen können spannenderweise bei einer Jahrtausende alten Leiche noch feststellen, woran der Mensch gestorben ist und welche Krankheiten er in seinem Leben hatte. Erstaunlicherweise litten die meisten Germanen, die man untersucht hat, an Nebenhöhlenentzündungen, die zu Mittelohrentzündungen oder zu tödlichen Hirnhautentzündungen führten. Zahnvereiterungen und Karies waren ebenfalls häufig. Dass das Leben der Menschen damals – gleichgültig ob sie Bauern oder Adlige waren – hart war, zeigen starke Gelenkerkrankungen bei fast allen Leichenfunden.

Waren die Germanen sehr krank, gingen sie, wie du, zum Arzt. Ihre Ärzte nannte man Heiler, die alle Krankheiten mit Medizin aus Heilkräutern behandelten. Im Notfall wurde jedoch auch operiert, ausgegrabene Operationsinstrumente beweisen das. Die Archäologen gehen davon aus, dass diese medizinischen Instrumente mit den römischen Ärzten ins Land kamen.

Chirurgisches Besteck aus dem Grab eines germanischen Arztes.

## Woran glaubten die Germanen?

Sie verehrten die Sonne, den Mond und die Sterne, und, wie die Römer und Kelten, viele andere Götter. Zu den mächtigsten gehörten der Göttervater sowie Kriegs- und Totengott Odin (auch Wodan genannt) mit seinem achtbeinigen Pferd Sleipnir, der Kriegsgott Thor, die Erdmutter Nerthus, die Kriegsgöttin Baduhenna und die Fruchtbarkeitsgöttin Nehallennia. Die Kultorte der Germanen befanden sich in kleinen Wäldern (Hainen), Mooren oder an Gewässern. Manchmal errichteten die Germanen Hütten für ihre hölzernen Götterstatuen.

Auf dieser Bildtafel (8. Jh.) siehst du oben rechts Odins achtbeiniges Pferd Sleipnir.

Bei religiösen Feiern versammelten sich die Germanen im Freien auf extra angelegten und oft umzäunten Plätzen, deren Mittelpunkt ein Altar bildete. Sie opferten wertvolle Gegenstände, erbeutete Waffen, Rüstungen, Tiere und auch Menschen. Bei den geopferten Männern und Frauen handelte es sich meistens um Kriegsgefangene.

Die germanischen Priester waren die Weisen ihres Volkes und hüteten das Wissen und die Traditionen. Allerdings ist davon nichts Schriftliches überliefert. Deshalb können wir uns nur auf die Erzählungen antiker römischer Autoren und auf

Ausgrabungsfunde beziehen, wenn wir etwas über die alten Germanen, ihr Wissen und ihre Tradition erfahren wollen.
Du fragst dich sicherlich, warum diese Priester nichts aufgeschrieben haben. Die Germanen hatten keine Gebrauchsschrift. Wir wissen, dass sie ab dem 2. Jahrhundert n. Chr. Zeichen verwendeten, die wir Runen nennen. Wie sie bei den Germanen hießen, ist nicht bekannt. Die Runen hatten eine heilige Funktion und wurden unter anderem als Schutzzeichen eingesetzt. Die Texte wurden in einen festen Untergrund wie Holz, Metall oder Stein geritzt.

| | | | | | | | |
|---|---|---|---|---|---|---|---|
| ᚠ | ᚢ | ᚦ | ᚨ | ᚱ | ᚲ | ᚷ | ᚹ |
| **f** | **u** | **þ** | **a** | **r** | **k** | **g** | **w** |
| /f/ | /u/ | /þ/ | /a/ | /r/ | /k/ | /g/ | /w/ |
| ᚺ | ᚾ | ᛁ | ᛃ | ᛇ | ᛈ | ᛉ | ᛊ |
| **h** | **n** | **i** | **j** | **ï** | **p** | **ʀ** | **s** |
| /h/ | /n/ | /i/ | /j/ | ? | /p/ | /z/ | /s/ |
| ᛏ | ᛒ | ᛖ | ᛗ | ᛚ | ᛜ | ᛞ | ᛟ |
| **t** | **b** | **e** | **m** | **l** | **ŋ** | **d** | **o** |
| /t/ | /b/ | /e/ | /m/ | /l/ | /ŋ/ | /d/ | /o/ |

þ = (engl.) stimmloses [θ],
ᛉ wird auch mit **z**, ᛜ auch mit **ng** transliteriert

Die Runen wurden mithilfe des lateinischen Alphabets entziffert. Jede Rune hat einen Lautwert und einen Namen. Das erste Runenalphabet nennen wir Futhark-Alphabet, es besteht aus 24 Zeichen.

## GERMANENDETEKTIVE GEFRAGT!

Die Runen konnten nur wenige Germanen lesen und schreiben. Sie waren die „Runenmeister". Könntest du auch zu ihnen gehört haben? Versuche, die vier Worte in Runenschrift mithilfe des oben abgedruckten Runenalphabetes zu übersetzen.

Achtung: Ein Begriff gehört nicht in die Welt der Germanen. Findest du ihn?

ᚹᚨᛚᚺᚨᛚᛚᚨ

1. ______________________________

ᛏᛟᚺᚱ

2. ______________________________

ᚷᛚᚨᛞᛁᚨᛏᛟᚱ

3. ______________________________

ᚹᛁᛞᛞᛖᚱ

4. ______________________________

Dieser Begriff stammt nicht aus der Welt der Germanen: ______________________________.

# Die germanischen KRIEGER

> Ihr ganzes Leben [das der germanischen Männer] dreht sich um die Jagd und die Beschäftigung mit dem Krieg. Von Jugend an gewöhnen sie sich an Strapazen und Abhärtung.
>
> Caesar, Der gallische Krieg, 6.21

Ein germanischer Krieger bereit zum Kampf. An seinem Schildbuckel befindet sich eine gefährliche Spitze.

Die Römer berichten, dass sich die Germanen ähnlich wie die Gallier mutig und mit fürchterlichem Geheul in den Kampf stürzten. Ausgerüstet seien sie mit Waffen und einem Schild gewesen, von einer Rüstung hielten sie nicht viel. In der Tat fand man bei Grabungen selten germanische Helme oder Brustpanzer, die einen Schutz im Kampf geboten hätten.

## Reiter und Fußsoldaten

Die germanischen Krieger kämpften als Reiter und als Fußsoldaten. Letztere waren ausgerüstet mit Schwertern und Lanzen, die an ihrer Spitze Widerhaken hatten. Der Schild war Schutz und Waffe zugleich. Er war aus mehreren Schichten dünnen Holzes gebaut und somit leicht genug, dass sein Besitzer mit ihm schlagen und stoßen konnte. Der Buckel in der Mitte des Schildes war oft mit einer gefährlichen Spitze versehen.
Für die Ausrüstung und die Versorgung der Krieger mussten die Anführer aufkommen.

Germanische Adlige schmückten sich gerne mit solchen prachtvoll verzierten Sporen.

Den Kriegern stand es frei, sich ihren Anführer selbst zu wählen. In der Regel war er ein adliges Mitglied ihrer Sippe oder ihres Stammes. Doch in Friedenszeiten oder weil sie sich woanders mehr Ruhm und Beute erhofften, konnten sie sich einem anderen Stamm und dessen Anführer anschließen.

Über manche Germanenstämme und ihre Krieger gibt es besonders furchterregende Geschichten. So sollen die Harier beispielsweise ihre Schilde schwarz angemalt haben und wie Totengeister in der Nacht über ihre Feinde hergefallen sein.

# Doppelt geschützt!

Die Germanen trugen Amulette, die ihnen Lebenskraft schenken und sie gegen Gefahren schützen sollten. Bei den Kindern fand man sogenannte Donarkeulen aus Geweihspitzen als Hals- oder Gürtelschmuck.

**Du brauchst:**

- 1 Hirschgeweih (z. B. vom Flohmarkt)
- Schleifpapier (C 60–600)
- 1 Lederband
- Werkzeuge: feine Metallsäge, Bohrer, Stichel, Dreule (Bohrspindel), Zirkel, Bienenwachs mit Ruß
- 1 Lappen

Suche dir für die Arbeit auf jeden Fall Hilfe von einem Erwachsenen, denn der Umgang mit den Werkzeugen ist nicht einfach. Säge eine ca. 5 cm lange Geweihspitze ab und schleife sie mit Feile und Schleifpapier in eine zylinderähnliche Form. Bohre bei der Geweihspitze an der schmalen Stelle ein Loch, durch das du später das Lederband ziehen kannst. Nun ritzt du mit Stichel, Dreule und Zirkel beliebige Verzierungen in das Horn. Reibe das Amulett (eine Donarkeule) anschließend mit dem Bienenwachs ein. Der Ruß setzt sich in den Einritzungen ab und hebt sie so deutlicher hervor. Zum Schluss polierst du dein Amulett gründlich.

Drei Donarkeulen und zwei aufwendig verzierte Scheiben aus Hirschgeweih an einem Lederband: Dieser Ketten- oder Gürtelschmuck sorgt für Kraft und Schutz bei Gefahren – das glaubten jedenfalls die alten Germanen!

# Die RÖMER kommen

Julius Caesar war der erste römische Feldherr, der mit seinen Truppen in germanisches Gebiet rechts des Rheins eindrang. Er hatte die Haeduer gegen die romfeindlichen Sequaner und ihren Verbündeten Ariovist mit seinen Sueben erfolgreich unterstützt und Gallien besetzt. Anschließend beschloss er, einer „Germanengefahr“ vorzubeugen und germanische Stämme rechts des Rheins, die immer wieder in römisches Gebiet einfielen, zu bestrafen. Zweimal ließ er eine Brücke über den Rhein bauen und setzte mit seinen Soldaten über. Doch Caesar nahm nur einen geringen Teil des Gebietes auf der anderen Flussseite ein. Kannst du dir denken warum? Seiner Meinung nach war es besser, wenn der Rhein die Grenze zwischen Römischem Reich und den Germanen blieb.

Caesars Nachfolger Kaiser Augustus gab den Befehl zu einer Gebietserweiterung bis zur Elbe hin und schickte seine Legionen los. Den Oberbefehl hatten seine Adoptivsöhne Drusus und Tiberius. Drusus vollführte 12 v. Chr. mit seinen Legionen einen Rundumschlag gegen verschiedene Stämme, indem er erst eine Strafaktion gegen die Sugambrer durchführte, dann die Friesen im Norden einschüchterte und auf seine Seite zog und anschließend wieder gen Süden gegen die Chauken und die Cherusker marschierte. Da allerdings geriet er mit seinen Truppen in einen Hinterhalt, dem er nur knapp entkam. Es folgten weitere Feldzüge gegen die Chatten und Markomannen, bis Drusus als erster römischer Feldherr 9 v. Chr. die Elbe erreichte.

Tiberius hingegen versuchte, die Germanen zunächst diplomatisch zu bezwingen, indem er verbündete Stämme wie die Ubier umsiedelte, damit sie in kritischen Gebieten die Grenzen

So könnte es an einem friedlichen Tag im Legionslager Novaesium (Neuss bei Köln) ausgesehen haben.

Ein Modell des Legionslagers von Haltern: Du siehst die Gebäude mit den Räumlichkeiten des Oberbefehlshabers und davor aufmarschierende Soldaten.

sicherten, oder gegnerische Stämme wie die Sugambrer aus ihren Heimatgebieten vertrieb und Angehörige des Adels als Geiseln nahm. Doch eine solche Geiselnahme konnte sich, wie im Falle des Galliers Vercingetorix, als nachteilig für das Römische Reich erweisen. Der Sohn eines gallischen Anführers war als Geisel nach Rom gekommen, hatte die römische Lebensweise kennengelernt und sehr wahrscheinlich auch im römischen Heer gedient. Als er nach seiner Rückkehr in seine Heimat zum Anführer gewählt worden war und gegen die Römer zu Felde zog, war er ein gefährlicher Gegner, da er sich gut mit der römischen Kampftaktik auskannte!

Ähnlich wie Vercingetorix hatte auch der Markomanne Marbod wohl in jungen Jahren als Geisel in Rom gelebt. Als er etwa 8 v. Chr. in seine Heimat zurückkehrte, erreichte er rasch großes Ansehen bei seinem Stamm. Marbod wurde zum König gewählt und gewann weitere Stämme als Verbündete hinzu. Bald waren sein Herrschaftsgebiet und seine Macht so groß, dass Tiberius, nachdem er ein Jahr zuvor die Chauken und Langobarden im Norden an der Elbe unterworfen hatte, sich 6 n. Chr. zu einem Feldzug gegen Marbod entschloss. Wer den Sieg davongetragen hätte, blieb offen, denn Tiberius musste den Feldzug aufgrund eines anderen Krieges abbrechen. Das Reich des Marbod blieb weiterhin bestehen.

Trotz aller Unruhen sahen die Römer ihre Macht im germanischen Gebiet bis zur Elbe als gesichert. Die Soldaten legten feste Versorgungs- und Truppenlager an, in denen sie überwintern konnten. Vorhandene Routen der Germanen wurden als Marsch- und Transportwege genutzt und durch neue römische Straßen quer durch das Land ergänzt.

Ein römischer Reisewagen.

Ein Stück römischer Straße mit Karrengleisen bei Bacharach am Rhein.

Der „freie" (rechts) und der römisch besetzte Teil Germaniens getrennt durch den Limes.

## Eine Stadt, Steuern und eine Grenze

Eine der ersten römischen Städte auf germanischem Boden entstand etwa 5 v. Chr. ca. 100 Kilometer rechts des Rheins: In der Nähe von Lahnau-Waldgirmes weisen Ausgrabungen auf eine große bewohnte Siedlung hin. Wie alle anderen römischen Stadtgründungen entstand sie nicht aus einer alten germanischen Siedlung heraus, sondern wurde sozusagen auf der grünen Wiese neu angelegt. Reste von Wohnhäusern, Straßen, Gräben für Ab- und Brauchwasser und einem Forum ergeben das Bild einer römischen Stadt. Offensichtlich war diese Stadt auch gut befestigt, denn die Archäologen fanden Spuren einer Wehrmauer aus Holz und Erde mit Türmen, Toren und Schutzgräben. Natürlich wollte Rom Geld in den besetzten Gebieten verdienen, um die Staatskasse aufzufüllen. Dazu wurden dort Steuern erhoben. Doch das passte vielen Germanen nicht und das Jahr 9 n. Chr. brachte eine böse Wende für Rom. In der sogenannten Schlacht im Teutoburger Wald, die vermutlich bei Kalkriese stattfand, unterlagen die Legionen des Varus den rebellischen Germanen und das Gebiet rechts des Rheins ging Rom weitestgehend verloren. Nach vergeblichen Versuchen von Tiberius' Adoptivsohn Germanicus, das verlorene Gebiet zurückzuerobern, verzichtete Rom auf weitere Eroberungsfeldzüge. Das in römischer Hand verbliebene Gebiet wurde durch den Limes vom übrigen Germanien sichtbar getrennt. Der Limes war eine Grenze, die als Bollwerk gegen Angriffe kleinerer räuberischer Germanentrupps, aber keinesfalls gegen starke gegnerische Truppenverbände dienen konnte. Entlang seines Verlaufes waren militärische Stützpunkte errichtet und Truppen stationiert, doch hatten

So kannst du dir die römische Stadt nahe Lahnau-Waldgirmes vorstellen.

# ZEITTAFEL: DIE RÖMER IN GERMANIEN

| | |
|---|---|
| 58 v. Chr. | Caesar besiegt Ariovist |
| 55 v. Chr. | Caesars erster Rheinübergang |
| 53 v. Chr. | Caesars zweiter Rheinübergang |
| 16–13 v. Chr. | Kaiser Augustus in Gallien |
| 12 v. Chr. | Einfall des Drusus in Germanien |
| 8 v. Chr. | Tiberius veranlasst die Umsiedlung der Sugambrer |
| 6 n. Chr. | Tiberius gegen Marbod |
| 9 | Varusschlacht |
| 14–16 | Feldzüge des Nero Claudius Germanicus ins Innere Germaniens |
| 18 | Zerfall des Marbod-Reiches |
| 69–70 | Bataveraufstand; viele römische Lager und Siedlungen am Rhein werden zerstört |
| 81–85 | Chattenkrieg unter Kaiser Domitian |
| ca. 85 | Errichtung der Provinzen Germania Superior und Germania Inferior unter Kaiser Domitian; Hauptstädte: Mainz und Köln |
| 120 | Verstärkung des Limes in Obergermanien |
| 166–180 | Markomannenkriege |
| 213 | Germanenfeldzug von Kaiser Caracalla |
| 233–235 | Germaneneinfälle in Obergermanien und Raetien |
| 235/236 | Schlacht am Harzhorn |
| 257–258 | Einfälle der Franken nach Niedergermanien |
| ab 270 | Germaneneinfälle in römisches Gebiet |
| ab 278 | Vertreibung der Germanen aus den Provinzen |
| ab 357 | Einfälle der Alamannen in römisches Gebiet |
| 378 | letzter römischer Vorstoß über den Rhein |
| 395 | Aufteilung des Römischen Reiches in eine westliche und östliche Hälfte |
| 406 | Alamannen, Alanen, Quaden, Sueben und Vandalen überqueren den Rhein und ziehen nach Süden |
| 410 | Westgoten erobern Rom |

| | |
|---|---|
| *27 v. Chr.– 0 – 14 n. Chr.* | *Augustus* |
| *14–37* | *Tiberius* |
| *37–41* | *Caligula (Gaius Caesar Augustus Germanicus)* |
| *41–54* | *Claudius* |
| *54–68* | *Nero* |
| *69–79* | *Vespasian* |
| *79–81* | *Titus* |
| *81–96* | *Domitian* |
| *98–117* | *Trajan* |
| *117–138* | *Hadrian* |
| *138–161* | *Antoninus Pius* |
| *161–180* | *Mark Aurel* |
| *211–217* | *Caracalla* |
| *222–235* | *Severus Alexander* |
| *235–238* | *Maximinus Thrax* |
| *253–260* | *Valerian* |
| *253–268* | *Galienus (Mitkaiser von Valerian)* |
| *276–282* | *Probus* |
| *306–337* | *Konstantin I.* |
| *375–383* | *Gratian* |
| *375–392* | *Valentinian* |
| *395–423* | *Honorius* |

Hier sind nur die im Heft erwähnten römischen Kaiser mit Regierungsdaten aufgelistet.

diese Standorte gleichzeitig die Aufgaben von Zollstationen und Posten für die Nachrichtenübermittlung. Eignete sich ein Fluss als Limes, so wurde dieser als „nasse Grenze“ genutzt. Besichtigen kannst du heute noch Teile des Obergermanisch-Rätischen Limes sowie des Hadrianswalls in Großbritannien. Auch in den anderen römischen Provinzen gab es einen Limes.

Siegte hier Arminius über Varus? In Bramsche-Kalkriese gibt es inzwischen einen Museumspark, wo du Erstaunliches über die berühmte Schlacht erfährst.

> Schließlich soll er [Augustus] so aus der Fassung geraten sein, dass er sich monatelang Haare und Bart wachsen ließ und manchmal den Kopf gegen die Tür stieß, mit dem Ruf: „Quinctilius Varus, gib mir meine Legionen wieder!"
>
> Sueton, Augustus 23

## Die Varusschlacht

Bestimmt hast du schon von dieser berühmten Schlacht gehört. Die Schlacht des römischen Feldherrn Publius Quinctilius Varus gegen den Cherusker Arminius ist seit ihrem furchtbaren Ende für allezeit mit Gemetzel und Grauen verbunden. Seit Jahrhunderten sind der wirkliche Verlauf der Schlacht und der genaue Ort, an dem sie stattfand, im Unklaren geblieben. Mittlerweile vermuten die Wissenschaftler aufgrund von Waffenfunden und Überresten von Wehranlagen, dass zumindest ein Abschnitt der Schlacht in der Nähe von Kalkriese nördlich von Osnabrück stattfand – in einem Gebiet zwischen bewaldeten Hügeln und einem großen Moor.

Drei römische Legionen und drei Legionsadler (Feldzeichen) gingen verloren – ein harter Schlag für Kaiser Augustus. Varus und seine Offiziere verübten angesichts der furchtbaren Niederlage ihrer Truppen sehr wahrscheinlich Selbstmord. Arminius sandte als Zeichen seines Sieges den Kopf des Varus an den Markomannenkönig Marbod. Dieser hatte sich bislang hartnäckig geweigert, sich mit den aufständischen Germanen zu verbünden – und blieb dabei: Er sandte den Kopf weiter an Kaiser Augustus.

Wie war es zu dieser Schlacht gekommen? Varus war Statthalter von Germanien geworden, konnte sich aber mit den Germanen und ihrer Lebensweise nie wirklich anfreunden. Er sollte vor allem das römische Rechts- und Steuersystem in seinem Verwaltungsgebiet festigen, doch das passte den Germanen nicht und führte zu immer größerem Unmut. Der Sohn eines adligen Cheruskers nutzte die angespannte Situation aus und setzte sich an die Spitze einer Verschwörung von Cheruskern, Marsern, Brukterern und Chatten. Der germanische Name dieses Mannes ist unbekannt. Seinen römischen Namen Arminius hatte er nach seiner Dienstzeit als Offizier in der römischen Armee und dem Erhalt des römischen Bürgerrechts angenommen.

Arminius wusste offensichtlich, dass Varus mit seinen Truppen von der Weser kommend zum Rhein marschierte und noch einen kleinen Umweg für eine Strafaktion gegen aufmüpfige Germanen plante. Mit seinen Verbündeten bereitete er einen Hinterhalt vor und vernichtete drei römische Legionen bis auf den letzten Mann.

Wie du dir denken kannst, kam bei den Römern nach dieser schrecklichen Niederlage die alte Angst vor den wilden Barbaren aus dem Norden wieder auf. Eine kleine germanische Truppe hatte das große Rom besiegt und dazu noch drei Feldzeichen erbeutet! Kaiser Augustus' Stiefsohn Tiberius schickte daraufhin seinen Neffen Germanicus auf Rachefeldzug ins Innere Germaniens. Obwohl es immer wieder Siege auf beiden Seiten gab, konnten Arminius und seine Verbündeten nicht mehr an den Sieg über Varus anknüpfen. Die Rebellion verlief im Sande. Schließlich warf sein eigener Stamm Arminius vor, er wolle zu mächtig werden, und Verwandte ermordeten ihn.

Diese eiserne Maske eines römischen Feldzeichenträgers fanden Archäologen bei der Suche nach den verlorenen römischen Legionen.

Das Hermannsdenkmal bei Detmold in Gedenken an den Cherusker Arminius (17/16 v. Chr.–21 n. Chr.) als Befreier Germaniens. Den Namen Hermann erhielt Arminius allerdings erst im 16. Jahrhundert in der Zeit Martin Luthers.

Zur 2000-Jahr-Feier der Varusschlacht trafen in Kalkriese erneut Römer auf Germanen!

# Die Germanen werden RÖMISCH

Germanische Krieger dienten bereits als Söldner in Caesars Truppen, unter Kaiser Augustus gab es sogar eine kaiserliche germanische Leibgarde. Nicht alle Germanen waren also romfeindlich. Das galt auch für die Bevölkerung. Nicht nur, dass einige Stämme zu Rom hielten und andere nicht, auch innerhalb der Stämme gab es verschiedene Meinungen. So waren Arminius und sein Vater Gegner des Römischen Reiches, Arminius' Onkel aber war ein Freund Roms. Du siehst also: Rom zu mögen oder nicht – das war eine ganz grundsätzliche Entscheidung in Germanien! Die Römer nutzten das aus: Sie waren zu befreundeten germanischen Adligen besonders nett und säten Zwietracht innerhalb der Stämme, die uneins waren, um von sich als Gegner abzulenken.

Immer häufiger wurden auch Standbilder römischer Götter aufgestellt, wie das hier von Juno, Jupiter und Minerva.

Zu den Verbündeten der Römer zählten die Ubier, die Mattieker, die Neckarsueben und die Markomannen. Vor allem links des Rheins entstanden in der Nähe vieler römischer Truppenlager richtige Städte. Vor den Toren der Lager siedelten sich mit der Zeit Handwerker und Marktleute mit ihren Familien an. Straßen, Gräberfelder und Tempel wurden angelegt und erbaut. Gaben die Truppen ein Lager auf, nutzte die Bevölkerung deren Räumlichkeiten innerhalb des Lagers weiter.

Siedlungen wie Köln und Trier wuchsen zu mächtigen Städten heran. Dort sah es nach einiger Zeit fast aus wie in Rom: Über große Aquädukte kam das Wasser aus den Bergen, breite Straßen, die rechts und links von hohen Häusern gesäumt waren, zogen sich durch die Stadt.

Das Mosaik aus Bad Kreuznach zeigt eine Straßenszene im römischen Germanien: Bauten in römischer Architektur und Handel mit römischen Waren.

Märkte, Theater, Tavernen und Thermen luden zu Vergnügungen und Entspannung ein. In Mainz beispielsweise gab es das größte Bühnentheater nördlich der Alpen.

Auch auf dem Land veränderte sich zu jener Zeit viel. Es entstanden große Gutshöfe, Villen und Weingüter nach römischem Vorbild. Hier und in der Stadt zog der Luxus ein: Die Römer brachten ausgefallene Speisen, Wein, kostbare Tuche, Glaswaren, prächtige Mosaike und Wandmalereien sowie Gold- und Silberschmuck mit in das Land der Barbaren. Germanen, die sich das leisten konnten, gewöhnten sich schnell daran. Und nicht nur an den Luxus, auch an die römischen Götter: Bald fanden sich neben Standbildern germanischer Götter auch Statuen von Jupiter, Juno und Minerva.

Glas zählte zu den römischen Luxusartikeln, mit denen sich die Germanen gerne anfreundeten.

## KURZ GEFASST: Römische Städte in Germanien von Süd nach Nord

- Campodunum – Kempten
- Augusta Vindelicum – Augsburg
- Castra Regina – Regensburg
- Lopodunum – Ladenburg
- Augusta Treverorum – Trier
- Mogontiacum – Mainz
- Colonia Claudia Ara Agrippinensium – Köln
- Colonia Ulpia Traiana – Xanten

Die germanischen Handwerker lernten von den Römern, sich zu spezialisieren und Luxusprodukte herzustellen. Bald verschoben sich die Hauptstätten der Keramikherstellung von Italien über Südgallien bis in die Gebiete an Rhein, Mosel und Neckar. So wurde beispielsweise Trier ein bekannter Ort für die Keramikherstellung. Kostbare Glasgefäße kamen nun aus der Gegend um Köln. Augsburg und Trier wurden für ihren Tuchhandel berühmt.

Diese Grabsäule erinnert an eine römische Tuchhändlerfamilie im Dorf Igel an der Mosel.

Die Bewohner in den römisch besetzten Gebieten mussten sich der römischen Gesetzgebung unterwerfen und Pacht und Steuern entrichten. Rom brauchte das Geld, denn vor allem der Unterhalt der Truppen war teuer. Das römische Bürgerrecht war aber mit diesen Pflichten nicht automatisch verbunden. Erst im Jahr 213 entschied Kaiser Caracalla, allen Provinzbewohnern das römische Bürgerrecht zu verleihen.

## RÖMERDETEKTIVE GEFRAGT!

Etliche unserer Städte sind von den Römern gegründet worden. Die älteste Stadt ist Trier. Die Spuren der Römer sind noch an vielen Stellen zu sehen. Vielleicht hast du sie schon entdeckt.
Ordne die Fotos den Beschreibungen zu und schreibe die richtige Zahl in das Kästchen neben das Bild.

→ 1. Römerturm in Köln
→ 2. Porta Nigra in Trier
→ 3. Bühnentheater in Mainz
→ 4. Steinerne Mauer von Regensburg

Heute ist Zahltag: Im Vordergrund überprüfen römische Beamte die Abgaben, dahinter siehst du die germanischen Pachtzahler.

## Germanenspeise selbst gemacht

Die Römer liebten es, gut zu essen. Für ihre Gäste ließen sie alle erdenklichen Leckereien von ihren Köchen zubereiten. Natürlich brachten die Römer ihre Rezepte auch mit nach Germanien und bestimmt probierten ihre neuen Nachbarn die ein oder andere fremde Speise. Vielleicht kosteten die Römer aber auch die ein oder andere Lieblingsspeise der Germanen. Dazu gehörte der Hirsebrei.

### Süßer Hirsebrei

**Zutaten:**
100 g Rosinen
1 Glas Apfelsaft
250 g Hirse
300 ml Wasser
750 ml Milch
50 g gehackte Haselnüsse
Honig

In diesem Topf köchelt köstlicher Hirsebrei!

Schütte die Rosinen in eine Schüssel, übergieße sie mit Apfelsaft und lasse sie darin gut einweichen. Gib die Hirse in einen großen Topf, bedecke sie mit einem Teil des Wassers und koche sie unter Rühren auf. Gieße das restliche Wasser nach und nach zu, bis ein fester Brei entsteht. Dann gibst du die Milch hinzu und lässt den Brei bei niedriger Temperatur köcheln. Ist die Hirse weich (eine kurze Kostprobe nehmen!), kannst du den Topf von der Platte ziehen. Gieße die Rosinen ab und rühre sie vorsichtig mit den gehackten Haselnüssen unter den Hirsebrei. Anschließend süßt du die köstliche Mahlzeit nach deinem Geschmack mit Honig.

Szenen aus den Markomannenkriegen auf einer in Rom zu Ehren Marc Aurels errichteten Säule.

# Germanen gegen Römer: weitere Kämpfe

Nachdem die Römer im Jahre 28 und 41 große Feldzüge gegen die Friesen und Chatten geführt hatten, herrschte Ruhe in Germanien. Dann sorgte ein Bürgerkrieg in Rom für weitere Kämpfe. Vier Männer stritten in den Jahren 68 und 69 um die Kaiserwürde: Galba, Otho, Vitellius und Vespasian. Letzterer erhielt sie schließlich. In diesen Krieg wurden, da Vindex germanischer Statthalter und Vitellius Kommandeur am Niederrhein war, auch Germanen mit hineingezogen, unter anderem die Bataver. Ihre Fußsoldaten galten als furchtlose Kämpfer und ihre Reiter als herausragende Schwimmer. Im Jahre 69 zogen römische Offiziere durch das Gebiet der Bataver, um neue Soldaten für ihr Heer anzuwerben. Doch die Bataver rebellierten dagegen. Ihr Anführer Julius Civilis suchte sich Verbündete und griff römische Legionen im Norden an. Der Wille zur Rebellion übertrug sich auf germanische Hilfstruppen in ganz Germanien. Acht Bataver-Kohorten marschierten von Mainz aus in Richtung Bonn, um sich Julius Civilis anzuschließen. Zahlreiche römische Truppenlager wurden im Laufe des Bataveraufstandes zerstört. Erst der von Kaiser Vespasian an den Rhein entsandte General Petilius Cerialis konnte die germanischen Truppen, die sich mittlerweile mit aufständischen Galliern verbündet hatten, im Herbst des Jahres 70 besiegen.

Kurz nachdem Domitian römischer Kaiser geworden war, zog er gegen die Chatten in den Krieg. Grund dafür war allerdings weniger eine Rebellion der Germanen als vielmehr sein Wunsch nach Ruhm und Ansehen. Domitian richtete neben Raetia und Noricum zwei weitere germanische Provinzen ein: Germania Superior (Obergermanien) und Germania Inferior (Niedergermanien).

Grabstein eines römischen Soldaten aus Mainz: Er springt mit dem Pferd über seinen Feind hinweg.

Der Limesturm war in der Regel mit fünf Mann besetzt. Im Falle einer Grenzverletzung durch Barbaren wurde das nächste Kastell informiert.

Unter Kaiser Trajan wurde der Limes mit weiteren Truppen, Palisaden und Erdwällen verstärkt. Friede kehrte für einige Jahrzehnte ein. Erst unter Kaiser Marc Aurel kam es in den Jahren 166 bis 180 immer wieder zu Zusammenstößen zwischen Römern und Germanen. Diesmal waren germanische Stämme auf der Suche nach neuem Siedlungsgebiet. Zu ihnen gehörten unter anderem die Markomannen, die eine lange Zeit Verbündete Roms gewesen waren. Rom musste all seine Kunst in Diplomatie und Kriegsführung einbringen, um die politische Lage in den Griff zu bekommen.

## GERMANENDETEKTIVE GEFRAGT!

Viele germanische Namen leben weiter in Bezeichnungen, die wir heute für Länder, Landstriche oder Menschen, die in einer bestimmten Region leben, verwenden. Finde heraus, welcher alte Name zu welchem Begriff von heute gehört, und verbinde sie miteinander.

| | |
|---|---|
| Bajuwaren | Allemagne (so heißt Deutschland auf Französisch) |
| Langobarden | Schwaben |
| Angeln | Frankreich |
| Sueben | Bayern |
| Franken | Lombardei |
| Alamannen | England |

# Die SCHLACHT am Harzhorn

Im Jahr 233 verübten die Germanen in der Wetterau, einer Landschaft im heutigen Hessen, verheerende Überfälle und zerstörten zahlreiche römische Lager und Siedlungen. Kaiser Severus Alexander brach einen Feldzug gegen die Perser ab und eilte nach Mainz. Doch das für eine Strafexpedition zusammengezogene römische Heer lehnte sich auf. Der Kaiser wollte die Germanen mit Geldzahlungen zum Frieden überreden, die Truppen jedoch wollten kämpfen. Severus Alexander wurde ermordet. Sein Nachfolger Maximinus Thrax, der erste Soldatenkaiser, übernahm das Kommando über die Truppen und zog von Mainz aus in das Innere Germaniens. Er feierte einen großen Sieg über die aufrührerischen germanischen Truppen.

Der Bauernsohn Maximinus Thrax kam durch den Dienst im römischen Heer zu Ruhm und Ansehen und wurde schließlich von der Armee zum Kaiser erhoben.

*Maximinus drang tief in germanisches Gebiet vor, machte viel Beute und überließ seinen Truppen alles Vieh, dessen man habhaft wurde. Die Germanen indessen hatten die Ebenen und die baumlosen Gegenden geräumt und sich in Wälder und Sümpfe zurückgezogen …*

Herodian, 7,2,5

## Tatort Harzhorn

Vor wenigen Jahren wurde ein Ort aufgespürt, an dem sehr wahrscheinlich Kampfhandlungen zwischen Germanen und den Truppen des Maximinus Thrax stattgefunden haben. „Hobbyarchäologen" hatten im Jahre 2000 widerrechtlich am Harzhorn mit Metallsonden Fundstücke aufgespürt. Als die Funde später in Internetforen als römisch gedeutet wurden, machten die Finder ihre Entdeckungen schließlich im Sommer 2008 öffentlich. Ein Forscherteam setzte sich sofort an die Untersuchung des Gebietes, wo die Funde geborgen worden waren.

Zuerst vermuteten die Wissenschaftler, dass sie am Harzhorn auf ein römisches Truppenlager gestoßen seien. Doch bald erzählten die ersten Fundstücke eine andere Geschichte. Die eisernen Spitzen freigelegter Katapultpfeile zeigten deutliche Spuren von einem harten Aufschlag. Es musste hier also ein Gefecht stattgefunden haben, bei dem unter anderem Katapulte im Einsatz gewesen waren. Weitere Funde bestätigten, dass der Fundort ein Schlachtfeld gewesen war – was für eine Sensation! Zwar hätte niemand an diesem Ort ein Schlachtfeld vermutet, doch es könnte zu den Beschreibungen der antiken Autoren über die Feldzüge des Kaisers Maximinus Thrax passen.

Hier siehst du, wo die Schlacht am Harzhorn stattfand. Ein Besuch lohnt sich!

Nun galt es, die Fundstelle schnell zu bearbeiten und vor allem zu sichern. Du wirst staunen: Denn auch heute noch gibt es überall Raubgräber! Sie warten gespannt auf die Bekanntmachung neuer Fundorte, um dort dann heimlich zu graben und ihre Schätze teuer zu verkaufen. Das Forscherteam hatte bereits gehört, dass Gerüchte um neue Römerfunde ihre Kreise zogen. Unermüdlich ging deshalb die Arbeit im Ausgrabungsgebiet weiter.

Heute noch treffen am Harzhorn Römer auf Germanen – allerdings, anders als vor fast 1800 Jahren, in friedlicher Absicht zum Anlass des Tages des Denkmals oder, um mit besonderen Veranstaltungen Kindern und Erwachsenen einen Einblick in die damalige Zeit zu geben.

Auch Schaufelhacken gehörten zur Ausrüstung der Soldaten.

# Schlachtfeldarchäologie

Sondengänger auf der Suche nach Metallfunden am Harzhorn.

*Das Schlachtfeld ist ein Ausgrabungsort mit besonderen Herausforderungen. Weißt du warum? Im Gegensatz zu Ausgrabungsstätten wie Truppenlagern oder Siedlungen liegen auf einem Schlachtfeld die möglichen Fundstücke vereinzelt und weit gestreut. Die Suche nach ihnen ist also sehr zeitaufwendig. Da es sich bei den Funden hauptsächlich um Waffen aus Metall handelt, verwenden die Archäologen in diesem Fall außer ihrem üblichen Arbeitswerkzeug besondere Hilfsmittel: Neben Schaufel, Hacke, Pinsel, Stift und Papier gehören auch eine Metallsonde, ein Hand-GPS-Gerät und ein Pinpointer zur Ausrüstung. Die Schlachtfeldarchäologen legen Grabungsschnitte an, gehen aber gleichzeitig mit Sonde und Pinpointer auf die Suche nach Metallstücken im Boden. Nicht jeder Fund mit der Sonde ist ein Treffer. So fanden die Archäologen am Harzhorn auch neuzeitliche Waffen und moderne Werkzeuge für die Forstwirtschaft sowie Gegenstände, die noch älter waren als die der Römer und Germanen! Mit dem GPS-Gerät und der SAPOS-Station (SAPOS = ein Dienst der deutschen Landvermessung zur genauen Positionsbestimmung von Fundorten unter anderem über Satellit) tragen die Wissenschaftler die Lage und Ausrichtung der Fundstücke in eine Karte ein.*

Schlachtfeldarchäologen bei der Arbeit: Der Metalldetektor hat angeschlagen, die Bergung geht los. Unten siehst du Archäologen in einem sogenannten Grabungsschnitt arbeiten. Mit einem Pinsel wird später der Fund von der Erde befreit.

*Die Fundstücke eines Schlachtfeldes erzählen dir keine zusammenhängende Geschichte, sondern schildern nur einzelne Ereignisse wie den Tod eines Soldaten oder den Sturz eines Trosswagens in einen Abgrund.*

## Fundstücke erzählen …

Bis heute hat das Forscherteam am Harzhorn etwa 2 700 Gegenstände aus römischer Zeit ans Tageslicht geholt. Noch nie ist ein antikes Schlachtfeld mit so vielen Funden entdeckt worden. Sie haben den Wissenschaftlern viele interessante Geschichten erzählt und für große Überraschungen gesorgt. Die Wissenschaftler hatten anfangs vermutet, der Fundort habe etwas mit der Varusschlacht (9 n. Chr.) zu tun. Doch die Untersuchungen ergaben etwas anderes.

Bunte Tennisbälle zeigen die Fundorte an.

## … über die Zeit

Die Wissenschaftler wollten von den Funden wissen, aus welcher Zeit sie stammten. Am besten funktioniert das bei Holz- oder Knochenresten. Aber nach so langer Zeit sind die hölzernen Schäfte der Pfeile und Speere, die nach der Schlacht liegen geblieben und im Erdboden verschwunden sind, längst verrottet. Glücklicherweise fanden sich noch Holzreste in den Tüllen der metallenen Pfeil- und Lanzenspitzen. Außerdem wurden die Knochen eines Zugtieres entdeckt. Mit einer besonderen Methode konnte im Labor ermittelt werden, aus welcher Zeit Holz und Knochen stammen: Die Waffen waren demnach zwischen den Jahren 230 und 240 n. Chr. gebaut und verwendet worden. Der Todeszeitpunkt des Tieres passt ebenfalls in diese Zeit.

Blick in eine Lanzentülle mit Holzresten: Mithilfe der C14-Methode (siehe Glossar), bei der die Menge der Radiokohlenstoffatome im abgestorbenen Holz gemessen wird, konnten die Wissenschaftler errechnen, aus welcher Zeit das Holz stammt.

Die Archäologen fanden am Harzhorn eine große Anzahl von Schuhnägeln – entweder gingen sie auf dem Marsch verloren, weil sich die Schuhe der Soldaten auflösten, oder sie gehörten zum Schuhwerk der Gefallenen. Die Nägel gaben den Schuhträgern besseren Halt beim Laufen.

Münzen sind am hilfreichsten bei einer Zeiteinordnung, denn das auf ihnen Dargestellte kann genau eingeordnet werden. Einige geborgene Münzen sind tatsächlich aus der Regierungszeit des Kaisers Severus Alexander. Münzen späterer Herrscher wurden nicht gefunden. Der Fund dieser Münzen könnte allerdings auch bedeuten, dass Severus Alexander der siegreiche Feldherr am Harzhorn war.

Eine Fibel, der Beschlag eines Messers und Teile eines Stirnvisiers von einem Helm wurden mit ähnlichen, woanders gefundenen Stücken verglichen, die nachweisbar aus dem 3. Jahrhundert stammen (also aus dem Jahr, in dem die Harzhorn-Schlacht stattfand). Es gab große Übereinstimmungen.

Bei den römischen Schuhnägeln, von denen zahlreiche ausgegraben wurden, tauchte allerdings ein Problem auf: Die Schuhverarbeitung hatte sich seit dem 3. Jahrhundert bis ins Mittelalter nicht verändert, es hätten also auch Schuhnägel aus einem anderen Jahrhundert sein können. Doch durch das Fundgebiet führten im Mittelalter nachweislich keine Wege. Deshalb sind es sehr wahrscheinlich römische Schuhnägel.

Eine Münze aus der Zeit des Kaisers Severus Alexander.

## ... über die Ausrüstung

Die Funde berichten, dass die römischen Truppen im Gegensatz zu den Germanen Reiter hatten und Torsionsgeschütze mit sich führten. Bei den Waffenfunden wie Speer-, Lanzen- und Pfeilspitzen ist es allerdings kaum möglich zu sagen, ob es sich um römische oder germanische handelt. Auf beiden Seiten wurden ähnliche Waffen verwendet.

An einer Stelle fanden die Archäologen dicht nebeneinander Schuhnägel, Zaumzeugbeschlag, Speerspitzen, eine Kupfermünze und Ringe eines Kettenhemdes. Hier war wohl ein römischer Soldat zu Fall gekommen und gestorben. Es fehlten sein Helm, Schwert und Schild. Vermutlich haben Germanen die Leiche des Toten nach der Schlacht geplündert und diese Dinge mitgenommen.

1.

## … über die Begleiter

Die römischen Soldaten wurden von ihrem Tross begleitet. Dazu gehörte wohl auch ein Schmied, wie ein gefundener Amboss erzählt. Die Trosswagen waren leicht und wurden von Maultieren gezogen. Ein schwerer Ochsenkarren hätte auch kaum das unwegsame Gelände am Harzhorn bewältigt.

Eine Fundstelle berichtet, dass hier ein Trosswagen mit Zugtieren und Ladung einen steilen Abhang heruntergestürzt ist. Die Archäologen legten an der Fundstelle unter anderem zwei Jochhaken, einen Jochbügel, einen Achsnagel und drei Hipposandalen (Hufschuhe) frei.

2.

**1.** Eine germanische Lanzenspitze mit Verzierungen.

**2.** Ein römischer Soldat aus dem 3. Jahrhundert: Sein Helm schützt das Gesicht viel besser als frühere Helme. Das Kettenhemd bedeckt den ganzen Arm und reicht bis zu den Knien. An der Seite trägt der Soldat ein Langschwert.

**3.** Von den schweren Eisenäxten der Soldaten sind nur die Keile übrig geblieben.

**4.** Eine Hipposandale – ein Schuh für ein Pferd! Diese „Sandalen" schützten die Hufe vor Abnutzung und Verletzungen und gaben Halt in schwierigem Gelände.

**5.** Ein Jochaufsatz. Durch das Loch in der Scheibe liefen wahrscheinlich Zügel.

**6.** Ein erstaunlicher Fund beim Trosswagen: der Deckel eines Tintenfässchens!

**7.** Auch ein Stechzirkel war unter der Ladung des Trosswagens. Bevor er aus der Erde geholt wird, wird er fotografiert und vermessen.

3.

4.

5.

6.

7.

Die Frontplatte des Sarkophags für den Römer Vexillarius Marcus Aurelius. Der Feldzeichenträger ist etwa drei Jahre nach der Schlacht am Harzhorn gestorben. Sollte er an der Schlacht teilgenommen haben, hätte er zu den Überlebenden gezählt.

## ... über Kampfpositionen und Marschwege

Hier kommen die Schuhnägel wieder ins Spiel. Sie konnten im Kampfgeschehen leicht verloren gehen, weil sich das Schuhwerk der Soldaten durch das viele Marschieren nach und nach auflöste. Eine große Anhäufung von Nägeln fanden die Forscher auf einem Felsgrat, der von Norden nach Süden führt.

Anhand der Fundlage von Pfeilspitzen und anderer Geschossspitzen können die Forscher ungefähr ablesen, wer von wo aus kam und geschossen hat und wie die römischen Torsionsgeschütze und die Bogenschützen aufgestellt waren.
Wo ein Pfeil hingeschossen wurde, dort befand sich sehr wahrscheinlich ein Gegner. Und jede gefundene Pfeilspitze erzählt dir: Hier hat jemand danebengeschossen!

## ... über die Toten

Nach einer Schlacht versuchten beide Seiten, die Gefallenen zu bergen. Die Römer verbrannten ihre Toten auf Scheiterhaufen. Hinweise auf römische Gräber gab es in der Umgebung des Schlachtfeldes keine. Auf germanische Gräber hingegen deuten zwei entdeckte Hügelgräber. Doch die Archäologen haben sie nicht untersucht. Auch die Germanen haben ihre Toten verbrannt, die Gräber enthalten also sehr wahrscheinlich nur ihre Asche. Grabbeigaben waren in diesem Fall nicht üblich.

Bei den Römern war es Sitte, Gedenksteine für Verstorbene aufzustellen, und zwar nicht immer nur dort, wo sich das Grab befand, sondern auch an anderer Stelle. Ein Gedenkstein für einen Soldaten erzählt dem Betrachter etwas über die Position des Verstorbenen in der römischen Armee, welcher Truppe er angehörte und an welchen Kämpfen er teilgenommen hat.

Die Wissenschaftler machten sich also auf die Suche nach Gedenksteinen für Soldaten, die an der Schlacht vom Harzhorn beteiligt gewesen sein könnten. Eine Gedenktafel, die vielleicht einen kleinen Hinweis gibt, wurde in Italien gefunden: Die Tafel gehört zu einem Sarkophag, in dem wohl einmal der Feldzeichenträger Vexillarius Marcus Aurelius Sossius gelegen hat. Dieser könnte der Inschrift nach in der vierten Legion Flavia Felix gedient haben, die sehr wahrscheinlich am Feldzug des Maximinus Thrax beteiligt war.

## Der WEG eines FUNDES

**Was passiert mit einem Fund, nachdem er mit der Sonde oder dem Pinpointer geortet wurde?**

- Er wird sorgfältig freigelegt, ohne dass sich seine Lage verändert.
- Er wird schnell fotografiert und vermessen.
- Er kommt mit etwas feuchter Erde in einen Beutel mit einer Nummer.
- Er kommt in die Werkstatt und mehrere Monate in ein Entsalzungsbad. Metall geht schnell kaputt, wenn es nach so langer Zeit wieder mit Luft in Berührung kommt. Das verhindert solch ein Bad.
- Er wird gesäubert, wissenschaftlich untersucht und restauriert.
- Er wandert ins Magazin des Landesamtes für Denkmalpflege.

# Die GERMANEN als Bedrohung ROMS

Dann eilte er [Kaiser Probus] mit einem riesigen Heer in die gallischen Provinzen … Er führte dort so gewaltige Schlachten und mit solchem Kriegsglück, dass er sechzig sehr angesehene Städte auf gallischem Gebiet von den Barbaren zurückgewann, dazu die ganze Beute …

Historia Augusta, Probus 13,5-14,1

Beim Rückzug von ihrem Einfall in das Innere Galliens verloren germanische Truppen diesen Teil ihrer Beute im Rhein.

Rom verstärkte nicht nur den Limes, sondern im Laufe der Zeit auch alle Städte und Truppenstützpunkte mit Wehrmauern. Ab dem Jahr 250 begann die Macht des Römischen Reiches in Germanien allerdings zu zerbröckeln. Die Gegner waren nicht mehr nur einzelne germanische Stämme. Etliche hatten sich zu neuen Stammesverbänden zusammengefunden beziehungsweise waren bestehenden größeren beigetreten. Die Römer hatten es nun mit germanischen Völkerschaften wie den Sachsen, Goten, Vandalen, Burgundern und Franken zu tun, die jeweils mehrere Zehntausende Krieger zählten und von „richtigen“ Fürsten und Königen angeführt wurden.

Um 260 verlor Rom einen Teil seiner Provinz Germania Superior aufgrund eines Einfalls der alamannischen Juthungen, die bis nach Italien eindrangen. 15 Jahre später marschierten Franken und Alamannen über den Rhein, besetzten Gallien und zogen weiter bis nach Spanien, wobei sie hauptsächlich an Plünderungen interessiert waren.

Vor allem die Beute führte zu Streitigkeiten auch innerhalb der römischen Truppen. So verweigerte General Postumus die Herausgabe zurückgewonnener Beute, belagerte und stürmte die Stadt Köln und ließ unter anderem den Sohn seines Kaisers Gallienus töten. Er errichtete ein Gallisches Sonderreich mit sich selbst als Herrscher.

So könnte ein germanischer Soldat im spätrömischen Heer ausgesehen haben.

Rom gab den Obergermanisch-Rätischen Limes und die rechtsrheinischen Gebiete auf, Truppen wurden abgezogen und Kastelle leer geräumt. Kaiser Probus schickte seine Truppen in einen großen Feldzug in Germanien und Gallien, um die Situation wieder in den Griff zu bekommen und den Barbaren ihre Beute wieder abzujagen.

Zunehmend dienten aber auch germanische Söldner auf römischer Seite, teilweise sogar als Generäle. Romfreundliche Germanen wurden in Gebieten wie Ostgallien angesiedelt, um dort zum Schutz der Grenzen die Interessen Roms zu vertreten.

Das Kastell von Juliacum (Jülich) war im 4. Jahrhundert stark befestigt.

# Übergang in eine neue Zeit

Unter den Kaisern Diokletian (284–305) und Konstantin I. (306–337) herrschte lange Jahre Ruhe in den germanischen Provinzen. Zwar machten die Sachsen durch Überfälle an der Rheinmündung und an den Küsten des Ärmelkanals von sich reden, doch das römische Militär konnte zunächst die Grenzen gegen die Barbaren sichern. Kaiser Konstantin I. zeigte Roms Macht unter anderem dadurch, dass er nach einem Sieg über die Franken ihre Könige Ascaric und Merogias in Trier wilden Tieren vorwerfen ließ. Nachdem Konstantin I. auch auf dem Balkan einen erfolgreichen Krieg gegen die Goten geführt hatte, ließ er sich als Bezwinger der nördlichen Barbaren feiern.

Eine Goldmünze mit dem Porträt von Kaiser Konstantin I.

Eine Darstellung aus dem 19. Jahrhundert zeigt Childerich I. (gest. 481/2), der als Frankenkönig im Norden Galliens herrschte und die Voraussetzungen für das spätere große Frankenreich schuf.

Der große Frankenkönig Karl I. sah sich als Erbe der Römer und begründete ca. 300 Jahre nach dem Untergang Roms ein „Heiliges Römisches Reich", dessen erster Kaiser er wurde. Die Architektur seiner Palastkapelle, die du im Aachener Dom bestaunen kannst, enthält viele antike römische Elemente (Säulen, Bronzegitter u. a.).

Der Druck der Barbaren auf die Grenzen des Römischen Reiches wurde dennoch immer stärker. Ab dem Jahr 374 verursachten vorrückende Hunnen in Südrussland eine Wanderung der Goten Richtung Südwesten auf das Römische Reich zu. Nach einer verheerenden Niederlage gegen die Goten im Jahre 378, sah Rom sich gezwungen, diesen Siedlungsgebiet auf dem Balkan anzubieten. Dann wurde im Jahre 395 das Römische Reich unter zwei Kaisern geteilt – einer sollte den Westen, der andere den Osten regieren. Kaiser Konstantin I. hatte diese Teilung sozusagen eingeleitet, indem er die Hauptstadt des Reiches von Rom nach Byzanz verlegt und die Stadt in Konstantinopel (das heutige Istanbul) umbenannt hatte.

Der westliche Teil entfremdete sich immer mehr vom östlichen, bis schließlich das Römische Reich auseinanderbrach.

Immer wieder suchten römische Kaiser germanische Krieger für ihre Elitetruppen zu gewinnen, um dann mit ihnen gegen ihre politischen Gegner und auch gegen andere germanische Stämme ins Feld zu ziehen. Die Westgoten, die einen Teil des Heeres bildeten, eroberten schließlich im Jahr 410 unter ihrem König Alarich die Stadt Rom.

Westrom war nicht mehr in der Lage, seine Gebiete im Norden zu halten. Jüten, Angeln und Sachsen besetzten Britannien. Vandalen, Sueben, Alamannen und Alanen zogen durch Gallien und Spanien bis nach Nordafrika. In Gallien und Germanien entstanden die Herrschaftsgebiete der Franken und Sachsen. Die Herrschaft der Römer in Deutschland war zu Ende.

# ANHANG

## Lösungen

### Römerdetektive gefragt! S. 5:

*Gladiatorenhelm = C*
*Reiterhelm = B*
*Helm eines Fußsoldaten = A*

### Germanendetektive gefragt! S. 17:

*1. Walhalla 2. Thor 3. Gladiator 4. Widder*
Der Begriff *Gladiator* stammt nicht aus der Welt der Germanen.

### Römerdetektive gefragt! S. 28:

*1. Römerturm in Köln*
*2. Porta Nigra in Trier*
*3. Bühnentheater in Mainz*
*4. Steinerne Mauer in Regensburg*

1

3

2

4

### Germanendetektive gefragt! S. 31:

*Bajuwaren – Bayern*
*Langobarden – Lombardei*
*Angeln – England*
*Sueben – Schwaben*
*Franken – Frankreich*
*Alamannen – Allemagne*

## Glossar

**Adliger:** Angehöriger der obersten Gesellschaftsschicht, die sich durch besondere Familienabstammung und Besitz vom übrigen Volk abhebt

**Alamannen:** westgermanischer Stammesverband, der sich im 3. Jh. aus elbgermanischen und suebischen Stammesgruppen bildete

**Archäologie:** die wissenschaftliche Erforschung von Kunst- und Baudenkmälern unter anderem auch durch Ausgrabungen

**Berufsheer:** ein Heer aus Soldaten, die von Beruf Soldat sind und freiwillig im Heer dienen

**C14-Methode:** Radiokohlenstoffdatierung; jeder lebende Organismus enthält Radiokohlenstoff ($^{14}C$), dessen Menge abnimmt, wenn der Organismus (ab)gestorben ist. Die Atome können Wissenschaftler messen und daraus die Zeit errechnen, wie lange der Organismus bereits tot/abgestorben ist

**Diktator:** Alleinherrscher

**Donarkeulen:** Anhänger aus tierischen Knochen, die als Amulette dienen

**Franken:** germanischer Stammesverband, der sich im 3. Jh. aus verschiedenen westgermanischen Stammesgruppen bildete

**Germanen:** Oberbegriff für verschiedene Stammesverbände, die in der Antike im Gebiet der Niederlande, Skandinaviens, Deutschlands, Polens und Tschechiens lebten (siehe Karte ganz vorne im Buch). Der Name wurde von antiken Autoren eingeführt, die Germanen selbst nannten sich so nicht!

**Gladiator:** Sklaven, Verbrecher oder auch freie Männer, die zur Belustigung des Volkes in einer Arena auf Leben und Tod gegeneinander kämpften

**Goten:** germanischer Stammesverband, der sich im 3. Jh. aus verschiedenen ostgermanischen Stammesgruppen bildete

**Hadrianswall:** Grenzwall der Römer in Großbritannien

**Hügelgrab:** Gräber, über die ein meist runder Hügel aus Steinen und Erde errichtet wurde und die oft heute noch sichtbar sind

**Joch:** Geschirr zum Anspannen von Zugtieren wie Ochsen

**Konsul:** höchster Beamter in Römischen Reich zu Zeiten der Republik; es gab immer zwei Konsuln gleichzeitig für ein Jahr

**Kultur:** die Denk- und Lebensweise eines Volkes

**Legionär:** römischer Soldat; Legionar ist eigentlich der wissenschaftlich korrekte Begriff (siehe auch Duden), aber eingebürgert hat sich Legionär

**Limes:** Abgrenzung zwischen Römischem Reich und Feindesland

**Obergermanisch-Rätischer Limes:** 550 km langer römischer Grenzwall in Süddeutschland zwischen Rhein und Donau, der das römisch besetzte Gebiet vom freien Germanien trennte

**Mattiaker:** Teilstamm der Chatten

**Met:** Honigwein

**Metallsonde:** Metallsuchgerät

**Mitkaiser:** Thronfolger, der noch zu Lebzeiten des herrschenden Kaisers mitregierte

**Republik:** ein Staat, in dem das Volk durch gewählte Beamte regiert und nicht ein König oder Kaiser das Sagen hat (das wäre eine Monarchie)

**restaurieren:** alte Kunstgegenstände oder Gebäude wiederherstellen und erhalten

**römische Provinz:** erobertes Gebiet, das unter die Verwaltung Roms kam

**römischer Bürger:** ein in Rom geborener Mann; das römische Bürgerrecht wurde im Laufe der Zeit aber auch anderen Einwohnern des Römischen Reiches und fremden Soldaten, z. B. nach langem Dienst in der Armee, verliehen.

**Runen:** altnordische Schriftzeichen

**Saline:** Ort (Meer, salzhaltiger Fluss oder See, Berg), an dem Kochsalz gewonnen wird

**Senat:** im Römischen Reich eine Versammlung von Beamten, die sich in Regierungsfragen berieten und dann Beschlüsse trafen

**Senator:** römischer Beamter und Mitglied des Senats

**Soldatenkaiser:** Kaiser, die ihre Macht auf das Militär stützten

**Steuern:** Abgaben an den Staat für den Straßenbau, die Bezahlung von Beamten, der Armee und anderer wichtiger Dinge für das Volk

**Taverne:** römische Gastwirtschaft

**Thermen:** große öffentliche Badehäuser der Römer

**Torsionsgeschütze:** große Geschütze, die einer Armbrust oder einem Katapult ähneln (Balliste oder Onager). Mittels verdrehter Seilbündel, die wie Federn wirken, werden Speere, Bolzen und Kugeln abgefeuert.

**Völkerwanderung:** Mehrere Stammesverbände verlassen aufgrund von Überbevölkerung, Krieg, Klimaverschlechterung oder Hungersnot ihre Heimat und begeben sich auf die Suche nach neuem Siedlungsgebiet.

# Ausflugstipps

## RÖMERSCHLACHT AM HARZHORN

Ein Ausflug zum Harzhorn lohnt sich! Besucher können das Schlachtfeld mit besonderen Führungen und Expeditionen erforschen. „Harzhorn-Guides" nehmen dich mit zum Originalschauplatz, beschreiben das damalige Kampfgeschehen zwischen Römern und Germanen und geben dir einen Einblick in die Ausgrabungen.
**www.roemerschlachtamharzhorn.de**
Die Fundstücke sind vom 1. September 2013 bis zum 19. Januar 2014 im Braunschweigischen Landesmuseum zu sehen:
**www.roemer-in-braunschweig.de.**

## MUSEUM UND PARK KALKRIESE

Nahe Kalkriese im Osnabrücker Land fand die berühmte Varusschlacht statt. Im Museum und im Park kannst du dich auf die Spuren der römischen und germanischen Soldaten begeben. Du kannst sehen, wie weit die Ausgrabungen fortgeschritten sind und die vielen Funde bewundern. An Pfingsten finden jedes Jahr Römer- und Germanentage statt – mit spannenden Mitmachaktionen!
**www.kalkriese-varusschlacht.de**

## RÖMISCHES FORUM WALDGIRMES

„Eine bisher einzigartige Entdeckung einer römischen Stadt auf germanischem Gebiet um Christi Geburt" – der Besuch der Ausgrabungsstätte bei Lahnau an der Lahn lohnt sich auf jeden Fall! Viele spannende Führungen und Mitmachaktionen entführen dich auf eine Zeitreise in die Welt der Römer.
**www.roemerforum-lahnau.de**

## FREILICHTMUSEUM ELSARN

Wenn du mit deiner Familie Urlaub in Österreich machst, solltet ihr unbedingt nach Elsarn fahren. Hier kannst du in die Zeit der alten Germanen eintauchen und erfahren, wie ihr Alltag aussah: Besichtige ein nachgebautes Wohn-Stall-Haus, schnuppere in eine Weberwerkstatt hinein oder schau dir die Arbeitsstelle des Schmiedes genau an. Wenn du Glück hast, findet gerade ein Germanenfest statt!
**www.freilichtmuseum-elsarn.at**

## LIMESMUSEUM AALEN

Es ist das größte Römermuseum in Süddeutschland und befindet sich auf dem Gelände des ehemals größten römischen Reiterkastells nördlich der Alpen. Du kannst dich als Römer verkleiden und lernst das Leben der römischen Soldaten kennen!
**www.museen-aalen.de**

## RÖMERKASTELL SAALBURG

Auch in diesem wieder aufgebauten Römerkastell machst du eine spannende Zeitreise 2 000 Jahre in die Vergangenheit! Hier gibt es besondere Thementage und du kannst sogar

mit deiner Familie in diesem Kastell feiern wie ein echter Römer.
**www.saalburgmuseum.de**

### RÖMISCH-GERMANISCHES MUSEUM IN KÖLN

In diesem Museum erfährst du einfach alles über die Römer in Germanien: Wie sah ihr Alltag aus fernab der Heimat? Wie richteten sie ihre Wohnungen und Häuser ein? Was machten die Kinder? Wie waren ihre Soldaten ausgerüstet? Und wie wurde aus einem Kastell die mächtige Stadt Köln?
**www.museenkoeln.de/roemisch-germanisches-museum**

### LANDESMUSEUM TRIER UND DIE PORTA NIGRA

Die Stadt Trier gilt als die älteste Stadt Deutschlands und erlangte unter den römischen Kaisern Weltruhm. In ihrem Landesmuseum erfährst du, wie es dazu kam und kannst außerdem den größten römischen Goldschatz der Welt bewundern!
Im Anschluss an das Museum solltest du die „Porta Nigra" besuchen: Es ist eines der am besten erhaltenen antiken Tore und macht auf alle seine Besucher einen mächtigen Eindruck.
**www.landesmuseum-trier.de und www.welterbe-trier.de**

### ALAMANNENMUSEUM

In diesem Museum in Ellwangen sind aus ganz Süddeutschland Funde zum germanischen Stammesverband der Alamannen ausgestellt. Du erfährst besonders viel über ihr Handwerk: Weben und Textilhandwerk, Holzhandwerk sowie Gold- und Silberschmiedearbeiten. Die Alamannen waren übrigens die ersten Christen in Deutschland!
**www.ellwangen.de**

### BAJUWARENMUSEUM

Das Museum in Waging am See hält viele erstaunliche Funde für dich bereit, die dir etwas über das Leben und den Glauben dieser Vorfahren der Bayern berichten. Außerdem begibst du dich auf die Spuren der Römer und Langobarden und lernst etwas über die Völkerwanderung im frühen Mittelalter. Im Waginger Kurpark kannst du ein nachgebautes Bajuwarenhaus besichtigen.
**www.bajuwaren-museum.de und www.bajuwarenhaus.de**

## Buchtipps

Juliane Schwartz/Ermelinde Wudy, Römer selbst erleben!, Konrad Theiss Verlag 2012.

Juliane Schwartz/Florian Peteranderl, Germanen selbst erleben!, Konrad Theiss Verlag 2012.

Martin Kuckenburg, Die Welt der Kelten. Entdeckungsbuch, Konrad Theiss Verlag 2012.

Susanne Rebscher, Julius Caesar, Loewe Verlag 2009.

Wolfgang Korn/Klaus Ensikat, Das Rätsel der Varusschlacht: Archäologen auf der Spur der verlorenen Legionen, Fackeltraeger Verlag 2008.

# Bildnachweis

akg-images/Electa: 5 o. re.; akg-images/Erich Lessing: 5 o. li., 7 u., 29 o.; akg-images: 42 u.; Andreas Thiel: 28 u. 2. Bild v. re.; Archäologisches Landesmuseum Baden-Württemberg, Yvonne Mühleis: 27; Arco Images GmbH/Alamy: 43; Badisches Landesmuseum Karlsruhe: 42 o.; Carnyx, Tübingen (www.keltentruppe.de): 6; Ch. Fuchs, NLD Hannover: 34 o., 37/1, 37/5; Christian Grovermann, Osnabrück: 25 o.; Deutsches Archäologisches Institut Rom: 30; Digitale Archäologie, Freiburg: 20; dirk fabian ingraphis: 33 o.; Ernst Künzl: 9 u., 25 li.; Foto Fisch: 31 li.; Fotolia/Fotolyse: 28 u. re.; Fotolia/Klaus Büth: 28 u. li.; FU Berlin, Institut für Prähistorische Archäologie: 34 2., 3. u. 4. Bild v. o.; Generaldirektion Kulturelles Erbe Rheinland-Pfalz - Direktion Archäologie Koblenz: 21 u.; Generaldirektion kulturelles Erbe Rheinland-Pfalz, Archäologie Mainz: 26 li., 28 u. 2. Bild v. li.; H. Pöppelmann: 38; Historisches Museum der Pfalz, Speyer, Fotograf: Peter Haag-Kirchner: 40/41; I. Simon, BLM: 33 u. re., 36 o., 37/3, 37/4, 37/6, 37/7; Juliane Schwartz, Römer und Bajuwaren Museum Kipfenberg: 10 o., 13 u., 14 o., 14 u., 15 o., 15 mi., 15 u. li., 15 u. re., 18 o., 19, 29 u.; LWL-Archäologie für Westfalen / Stefan Brentführer: 21 o.; M. Franke: 33 u. li.; Museum Burg Bederkesa: 9 o.; nach I. Schneider-Lengyel in Roman Portraits (Nex York 2004): 32; P. Frankenstein, H. Zwietasch; Landesmuseum Württemberg, Stuttgart: 1, 7 mi.; P. Lönne, NLD Ldkr. Northeim: 35 o.; Peter Palm, Berlin: Vorsatz vorne, 3 u., 22 o.; picture alliance/akg-images/Erich Lessing: 2; picture alliance/akg-images: 3 o., 5 o. mi., 16 re.; picture alliance/Arco Images: 8, 10 re. u.; picture-alliance/akg-images/Bildarchiv Steffens: 31 re.; picture-alliance/dpa: 4 o., 12, 24; RGK, Frankfurt: 7 o., 22 u. (Marian Woller); Rheinisches Landesmuseum Trier: 26 re., 28 o.; Römisch Germanisches Museum Köln: 21 mi.; Römisch-Germanisches Zentralmuseum Mainz: 4 li. u. (P. Connolly), 16 li. (Kopie: RGZM, Originale: Städtisches Museum Aschersleben), 18 u. (Mikulov, Regionalmuseum); Stiftung Schleswig-Holsteinische Landesmuseen Schloss Gottorf, Schleswig (Foto: Marion Höflinger): 13 o.; T. Schwarz, NLD Ldkr. Northeim: 35 u., 36 u.; Thomas Groß, www.foederati.eu: 10 li. u.; U. Sauerborn, Aalen: 5 u.; Varusschlacht im Osnabrücker Land, Foto: Hermann Pentermann: 25 re.; VEX.LEG.VIII.AUG www.legio8augusta.de: 4 re. u., 37/2, 41 re.; W. Warda/LVR-Amt für Bodendenkmalpflege im Rheinland: 41 u.; Will Helms, www.roemischer-vicus.de: 14 mi.

# Dank

Unser Dank gilt den Mitarbeitern des Braunschweigischen Landesmuseums für die fachliche Beratung sowie die Bereitstellung einiger Bilder. Insbesondere möchten wir Herrn Thilo Reichelt danken, der die Koordination vor Ort übernommen hat.